COLONIES FRANÇAISES

GUYANE

Notes de Voyage

PAR

Daniel CASEY

PARIS

IMPRIMERIE CHARLES SCHLAEBER

257, Rue Saint-Honoré, 257.

1889

GUYANE
NOTES DE VOYAGE

CAYENNE

La ville de Cayenne remonte au premier temps de la colonisation. Poncet de Brétigny, un des premiers, éleva quelques fortifications autour du morne Cépérou pour abriter, contre les attaques des Indiens, la colonie naissante. Ce n'était alors qu'une bourgade informe sans rues tracées et où les maisons n'étaient que des abris de roseaux et de chaume.

La ville de Cayenne eut beaucoup de difficultés à sortir de ses étroites limites, ce n'est qu'à la longue qu'elle s'étendit au pied du morne et déborda sur l'emplacement qui, avant que l'incendie l'ait dévorée, constituait ce que l'on appelait l'ancienne ville.

Cette ancienne ville était elle-même circonscrite par des fortifications élevées sous le gouvernement de Ferréol. Ces fortifications défendaient le morne Cépérou du côté de la mer et étendaient leur ligne entre le marché actuel et le Jardin du gouvernement.

Trois poternes servaient d'issues, l'une s'ouvrait sur la rade, la seconde sur le marché qui conserve encore le nom d'*Avancée* et la troisième sur la savane, à l'entrée de la rue de la République.

Le Gouvernement actuel servait à cette époque de résidence aux missionnaires de la Compagnie de Jésus qui desservaient l'église de Saint-Paul, autrefois construite sur la savane, à quelques mètres devant le bâtiment qu'occupe aujourd'hui la gendarmerie.

Les deux principaux fonctionnaires de la colonie, le gouverneur et l'intendant-ordonnateur occupaient une vaste construction dont il ne reste plus que le bâtiment qui sert de mairie. L'autre partie a été remplacée par la Direction de l'artillerie.

C'est Malouet qui, le premier, protesta contre le maintien de l'enceinte continue qui entourait la ville et en démontra l'inutilité.

Son passage aux affaires fut trop court pour obtenir du gouverneur Friedmont que ces vieilles murailles dont les fossés étaient une cause permanente d'infection fussent jetées bas.

Le gouverneur Friedmond était un vieux militaire qui avait le culte de son métier, et qui s'obstinait à maintenir la ville dans son appareil de guerre.

Malouet prépara cependant l'extension de la ville en dehors des fortifications en faisant déssécher, par l'ingénieur Guizan, les terrains marécageux qui s'étendaient sur l'emplacement de la ville actuelle que l'on appelait la Savane. C'était là que se trouvaient les jardins du roi, cultivés par les esclaves du domaine.

Malouet traça le plan de la nouvelle ville qui ne tarda pas à être occupée par les habitants, trop resserrés dans l'enceinte de la vieille bourgade de Ferréol.

Aujourd'hui, la ville de Cayenne occupe une surface beaucoup plus considérable que ne le comporte sa population et c'est ce qui fait le charme de la capitale Guyanaise, une des cités les plus attrayantes de nos possessions d'outre-mer.

En effet, les maisons sont agrémentées de larges vérandas, séparées par des jardins qui y entretiennent la fraîcheur et la verdure.

C'est au général Hennique que l'on doit d'y avoir fait circuler les eaux vives du *Rorota*. Cette substitution des eaux de montagnes aux eaux des puits a été un grand bienfait pour la population. Malheureusement, les tuyaux de conduite ont été choisis d'un diamètre trop réduit, ce qui ne permet pas de distribuer aux habitants un contingent d'eau suffisant. On est obligé de laisser perdre l'excédant des eaux captées qui pourraient alimenter une ville trois fois plus nombreuse.

La ville de Cayenne n'offre aucune construction monumentale, mais elle a, pour séduire l'œil du voyageur, une promenade de toute beauté, ornée de splendides et gigantesques palmiers au nombre desquels se trouve le palmier à deux têtes, rareté végétale dont la Guyane seule offre un spécimen connu.

Dans la nuit du 13 août 1888, toute l'ancienne ville, le centre de l'activité et de la richesse commerciale, le berceau même de la colonisation, a été dévoré par les flammes.

En quelques heures, un capital estimé à plus de sept millions d'immeubles et de marchandises a été réduit en un monceau de cendres.

La population, sans matériel d'incendie, presque sans eau, assista, impuissante, au désastre qui consommait sa ruine.

Ce sinistre serait irréparable pour les Guyanais si l'Etat ne vient au secours de tant de victimes et ne les aide à la réédification de leur ville par les ressources de son budget.

De temps immémorial, la population guyanaise a eu la réputation d'exercer l'hospitalité la plus large et la plus accueillante.

Cette qualité était facile à concevoir au temps de la splendeur de la Guyane, lorsque de riches habitations permettaient à leurs propriétaires d'accueillir les étrangers avec leur cordialité naturelle. Mais si l'aisance a disparu de la plupart des foyers, le cœur est resté le même, et personne n'a visité la cité guyanaise sans emporter le souvenir de la réception la plus bienveillante et la plus fraternelle.

SITUATION ÉCONOMIQUE

La situation économique de la Guyane est grave. Elle n'a été jusqu'ici examinée que par la passion ou l'erreur; et de cet examen il n'est sorti naturellement que des aperçus faux ou ridicules.

Il n'est pas sans intérêt de reprendre la question.

Elle exige une étude plus complète, plus approfondie, une étude impartiale et désintéressée, qui ne tienne compte ni des personnes, ni des partis auxquels elles appartiennent.

Celui qui, le premier, a dit aux travailleurs de la colonie : Vous êtes peu nombreux; moins vous travaillerez, plus le prix de votre travail sera élevé; celui-là porta un coup mortel à la Guyane.

Nous aurons le regret de dire que cette parole est empruntée à une brochure du représentant de cette colonie.

Je veux bien qu'il n'ait pas eu un intérêt exclusivement électoral en vue; je veux bien que l'amélioration du sort du travailleur ait été son unique objectif; mais la pureté de l'intention n'excuse pas une faute qui a pour le pays les plus déplorables conséquences.

L'émission d'une semblable doctrine se comprendrait dans un pays où les conflits des capitaux et de la main-d'œuvre ont pour but d'établir l'équilibre entre les deux éléments essentiels de la production. Donner au travail une part égale à celle de l'argent dans la répartition des bénéfices est une idée moderne qui tend de plus en plus à passer dans les faits.

Mais, supposez une situation économique où la grève serait permanente, où l'ouvrier serait en si petit nombre et aurait une telle tendance à l'oisiveté que la coalition serait même inutile, qu'il pourrait à son gré imposer à ses services la rémunération exagérée qu'il conviendrait à sa fantaisie.

Que deviendrait une pareille société? Quel serait son avenir? Vers quelle fatale issue ne marcherait-elle pas?

Telle est la situation malheureuse de la Guyane française.

Il faut ajouter à ce tableau, ce qui en est une conséquence directe, que l'exagération des salaires n'a pas eu pour conséquence logique un rendement réel du travail; que l'ouvrier ne donne plus à l'atelier qu'une présence fictive, qu'il a perdu la conscience exacte du contrat survenu entre lui et le patron; que l'aptitude professionnelle elle-même s'inutilise avec le travail, par cette raison qu'il n'y a plus intérêt à être habile, que chacun, quelle que soit son inexpérience, exige le même salaire élevé et que, par contre, le patron, quelles que soient les pertes qu'il subit, se trouve dans la nécessité de solliciter le travail de ses ouvriers, de fermer les yeux sur tous les abus de l'oisiveté, satisfait quand il a réussi à recueillir quelques bribes d'activité; tels sont les rapports lamentables de la main-d'œuvre et du capital à Cayenne.

Qu'on ne dise pas qu'il y a là un phénomène économique normal qui, dans un temps donné, entraînera simplement, dans la société guyanaise, un déplacement de la fortune sociale. Il est facile de démontrer que le résultat est tout autre.

Si l'augmentation des salaires avait pour corollaire, je ne dirai pas une augmentation de la production en général, mais simplement un arrêt dans son déclin, on pourrait s'en réjouir et lui reconnaître un certain caractère de légitimité; mais, dans la circonstance, elle n'est qu'une des formes bien connues de la spoliation sociale, et les résultats qu'elle obtient sont loin de constituer, dans l'équilibre des rapports, une balance en faveur de la main-d'œuvre.

Un immense malaise s'est répandu sur la Guyane à la suite de l'abandon du travail. La production amoindrie restreint naturellement chez l'ouvrier la faculté de consommer. Son salaire industriel a augmenté; mais, par une conséquence inévitable, la valeur des choses s'est accrue proportionnellement autour de lui. La disette est venue frapper à sa porte, et son salaire, si exagéré qu'il soit, devient de plus en plus insuffisant. Le prix des vivres s'élève, puisque le sol, abandonné, n'apporte plus à l'alimentation publique sa quote-part indispensable. Il faut tout faire venir de l'extérieur, et les combinaisons sont généralement mal préparées; comme les fortunes de la mer y ajoutent leur perturbation, la colonie reste durant de longues périodes sans approvisionnement suffisant : la famine devient alors seule maîtresse du marché.

De là de véritables souffrances qu'aucune puissance humaine ne peut diminuer. Elles ont des effets désastreux sur cette population, dont les forces musculaires s'amoindrissent de génération en génération et dont la natalité décroît en raison des privations qu'elle subit.

Pour être tout autres, les effets que cette situation produit sur le commerce, n'en sont pas moins désastreux. L'impossibilité qu'éprouvent les petits capitaux à s'employer dans la production rurale trop peu rémunératrice, les dirigent vers la production commerciale. Il y a là des bénéfices à opérer et les quelques fortunes réalisées en peu de temps, indiquaient une voie à l'activité de ces petits capitaux et à l'intelligence de ceux que le besoin, les charges de famille poussaient à faire œuvre de leur personne.

L'engouement était d'autant plus facile, qu'à ce genre d'industrie, présidaient des rapports pour ainsi dire familiaux. La concurrence n'existait pas ; les prix étaient partout les mêmes, non parce qu'ils étaient descendus à leur plus bas niveau, mais parce que l'offre et la demande n'étaient jamais entrés en lutte. Le nombre des négociants était restreint et le bénéfice convenu très élevé : Pas de risques, partant pas de faillites.

La situation se modifie rapidement ; les magasins se sont ouverts de toutes parts et si la concurrence, par suite de l'apathie native, n'exerce pas son redoutable contact, le chiffre des affaires s'est réparti sur un plus grand nombre de têtes, ce qui a réduit les bénéfices dans une notable proportion.

En effet. le travail étant devenu nul, les frais accessoires qui frappent les marchandises se sont rapidement élevés en même temps que la faculté d'acheter diminuait partout.

De là une gêne maladive qui n'aura d'autre solution que des désastres commerciaux jusqu'ici ignorés à la Guyane.

L'avenir est donc sombre et personne ne doit se le dissimuler

Il faut donc que l'administration coloniale le sache aussi bien que la population de la Guyane et surtout cette partie de la population dont on aiguise la paresse par des doctrines imbéciles. Une population ne vaut que par ce qu'elle produit, que par la place que lui donne son travail dans ce grand concert de la production nationale.

Il est temps encore, par des mesures énergiques, d'entraver la diminution du travail, de sauver le capital social accumulé par trois siècles de colonisation.

Il faut, et c'est la ressource suprême, reprendre désespérément l'immigration, qu'elle qu'en soit la source et quelle qu'en soit la qualité. Le salut n'est pas ailleurs, pour empêcher la Guyane qui pourrait à elle seule nous constituer un vaste empire colonial, de revenir tout entière aux végétations sauvages.

Qu'on introduise donc des hommes. Ils apporteront dans le régime du travail la concurrence qui le fera rentrer dans les conditions normales et l'empêchera de se constituer en une sorte de force prétorienne.

On peut, sans danger, pour subvenir aux dépenses de l'espèce, avoir recours à l'emprunt parce qu'il s'agit d'une dépense reproductive qui doit immédiatement se répercuter dans les bénéfices individuels et dans l'augmentation des ressources du budget.

L'immigration est la clef de la situation.

Tant que l'on ne l'entreprendra pas, la Guyane restera endormie dans ses forêts vierges, elle ne ressuscitera que le jour où elle pourra faire entrer en ligne un nombre de travailleurs suffisant pour reprendre possession du vaste domaine qu'elle est obligée d'abandonner à l'inculture.

L'AGRICULTURE

Lorsque l'on considère le sol de la Guyane, on distingue deux catégories bien distinctes de terrains, la première, appelée terres hautes, la seconde, terres basses.

Les terres hautes, comme leur nom l'indique, constituent non seulement les zônes montagneuses de la colonie, mais aussi les alluvions depuis longtemps émergées des eaux.

On désigne sous le nom de terres basses, celles que l'on est parvenu, par des travaux d'endiguements, à arracher à l'occupation des eaux ou qui sont encore noyées par le retour périodique des marées.

Ces deux espèces de terrains se distinguent l'une de l'autre par le caractère bien différent de leur fertilité.

Les terres hautes sont généralement couvertes de forêts, ou s'étendent en immenses savanes dans le voisinage de la côte. Elles ne sont propres, dans leur partie découverte, qu'à l'élevage du bétail ou dans l'autre partie frontière qu'à l'exploitation des bois, c'est là cependant que se sont portés les premiers efforts de la colonisation, ils avaient réussi à créer des troupeaux considérables et quelques habitations.

Mais, quand on considère le genre de culture qui avait prospéré dans ces exploitations rurales, il est facile de constater que seules, les plantations arborescentes ou vivrières avaient réussi. Mais celle de la graminée coloniale qui fait la richesse de nos autres colonies avaient complètement échoué.

Dans les terres basses, au contraire, toutes les cultures réussissaient indifféremment et principalement la canne à sucre qui n'avait pu prendre place dans les terres hautes.

Sans donc rechercher expérimentalement les qualités particulières de ces deux espèces de terrains, on peut dire qu'il ressort de l'expérience faite par les anciens colons que les terres basses sont propres à toutes les cultures, tandis que les terres hautes ne conviennent qu'aux plantations arborescentes et à celles qui fournissent à l'alimentation locale les nombreuses racines qu'elle utilise, manioc, ygname, choux-caraïbes, etc., etc.

Aussi peut-on considérer comme une erreur la création d'une usine à sucre au Maroni, où les terres sont relativement pauvres et exigent un emploi considérable d'engrais. L'engraissement de ces terrains, qui absorbe annuellement une trentaine de mille francs, enlève aux cultivateurs le plus clair de leur bénéfice. Il est également à remarquer qu'elles ne peuvent reproduire des souches que la seconde année, ce qui oblige le concessionnaire à répéter le même travail chaque deux ans.

Dans les terres basses, au contraire, la canne à sucre pousse sans engrais durant des siècles et l'on a vu les mêmes souches se reproduire 18 et 20 années consécutives sans exiger d'autres travaux que quelques élagages préparatoires.

Il est donc facile de voir le caractère bien tranché de ces terrains. Si l'administration pénitentiaire exécute son intention de faire une *pointe* dans l'intérieur des terres et, à l'aide de Decauville, de chercher à atteindre les plateaux supérieurs, il est indispensable qu'elle tienne compte de ces différences et ne s'expose pas aux mécomptes qui résulteraient d'une fausse appréciation de la fécondité apparente du sol.

On conçoit que cette administration qui doit vivre isolément dans des régions extrêmes de la Guyane, songe à s'étendre à l'intérieur et à y introduire ses cultures, mais il n'en pourrait être ainsi de la colonisation libre, de celle qui doit être entreprise au moyen de l'immigration.

Il nous serait difficile d'exposer ici un nouveau plan de colonisation, par cette raison que ce qu'il y avait de plus simple, de plus pratique et de mieux combiné, a été déjà conçu par les hommes qui ont le mieux connu et le plus aimé la Guyane.

L'honneur de cette conception colonisatrice revient Malouet, elle a été adoptée par Lescalier et par tous ceux qui se sont occupés avec intérêt de l'avenir de ce pays.

Les vues de Malouet s'étaient portées sur cette vaste savane noyée qui s'étend au pied des montagnes de Kaw entre la rivière du même nom et le Mahuri. Il en avait fait sonder le sol noyé par l'ingénieur Guizan et de cette enquête mémorable dans les annales de la Guyane, il était résulté qu'on possédait dans ce territoire les terres les plus riches, les plus favorables aux exploitations agricoles.

Le projet fut d'en assécher la surface et de la livrer à l'activité de colons. Mais il ne se réalisa jamais et il n'eut d'autre exécution que la répartition sur papier entre des intéressés qui n'avaient jamais mis les pieds dans le pays, du vaste domaine inculte que l'on voulait faire émerger des eaux.

Il n'en est pas moins vrai que c'est là que doit être le point de départ d'une colonisation judicieuse.

Seules les terres de l'Approuague sont comparables, elles présentent toutes deux l'avantage d'être flanquées de deux larges rivières où l'on pourrait organiser des ports plus pratiquables certainement que celui de Cayenne, dans l'état où il se trouve actuellement.

Malouet, Lescalier, Libéria et d'autres auteurs ont exposé avec détails les places de cette colonisation : il est donc inutile d'y revenir. Mais le concert unanime de ces intelligences prouve qu'il n'y a pas d'autre voie pour la colonisation de la Guyane.

C'est là que par des moyens plus ou moins violents, ils voulaient amener pour en tirer parti toutes les forces vives de la colonie. C'est en les concentrant sur ce point qu'ils voulaient guérir le pays du mal funeste de l'éparpillement qui a été la cause la plus permanente de ses malheurs ; c'est là qu'ils voulaient utiliser toutes les ressources agricoles, industrielles, ou autres que renferme le riche territoire de la Guyane.

En effet, on pourrait y cultiver en grand des cotons plus beaux que ceux des Etats-Unis, des cannes à sucre qui supporteraient victorieusement la concurrence des Antilles, des cafés aussi savoureux que ceux de la Montagne d'Argent, des cacaos qui ne le céderaient pas à ceux de *Caracas*, du girofle, de la muscade, de la canelle, de la vanille, en un mot toutes les épices et tous les parfums, toutes les huiles oléagineuses, comme les awara, les carapas, les plantes tinctoriales qui abondent partout.

Les troupeaux eux-mêmes y trouveraient leur place et l'industrie pourrait tirer des montagnes de Kaw les bois, les fers et toutes les autres richesses minérales dont elle aurait besoin.

Les eaux vives qui courent sur les flancs de ce massif seraient facilement captées, et viendraient distribuer partout les bienfaits de leur apport liquide.

Nulle situation n'est donc plus favorable et nous nous faisons un devoir de signaler à l'administration coloniale ce point qui avait été indiqué par tous les administrateurs éminents de la Guyane et dont ses habitants actuels rêvent toujours de soumettre le domaine à la culture.

Au nombre des exploitations agricoles, il faut comprendre celle des forêts. La Guyane en est couverte. Elles s'étendent pour ainsi dire des bords de son rivage atlantique jusqu'aux profondeurs inconnues de sa frontière occidentale. Il y a donc là une masse considérable d'industries.

Il est à remarquer cependant que tous ceux qui ont appliqué leurs forces et leurs capitaux à ce genre d'exploitation y ont successivement échoué, la raison en est bien simple, c'est que ces exploiteurs se sont exclusivement attachés à n'extraire de ces solitudes boisées que des bois de grande valeur dont ils pouvaient tirer immédiatement un prix élevé. Malheureusement les arbres ne vivent pas en famille à la Guyane: les individus sont dispersés dans la forêt au hasard de la semence naturelle et pour les abattre et s'en emparer, il faut des travaux d'approche considérables.

On ne prend donc à la forêt que quelques spécimens isolés si bien que lorsqu'ils en sont à peu près tous enlevés, le bois semble intact comme si la cognée du bûcheron n'y avait pas fait son œuvre.

Tout ce qui n'est pas propre à l'ébénisterie ou à la

construction reste sur pied, et c'est là la grande masse.

En Europe une exploitation analogue tirerait parti de tous les bois secondaires pour le chauffage, ou pour mille autres emplois indiqués par l'industrie.

Il n'en est pas de même à la Guyane française où le terrain reste couvert, sans aucune trace d'exploitation.

La culture elle-même, ne peut succéder à ces coupes insignifiantes, qui n'ont pas été assez considérables pour déblayer le terrain et livrer les surfaces dénudées à ses efforts.

Tels sont les empêchements qu'éprouve l'industrie forestière, parce qu'elle ne peut ni utiliser tous les bois qui sont en sa possession, ni déblayer le terrain pour le livrer à la culture.

LES MINES

Jusqu'ici la Guyane n'a attiré l'attention générale que par la production considérable de ses mines d'or, sa richesse sous ce rapport a empêché l'attention de se porter sur ses autres produits métalliques et sur ses cristaux qui feraient une richesse à un pays moins abondamment pourvu.

On y trouve, en effet, de l'argent, du cuivre, du plomb, de l'aluminium, du mercure, et toute sa surface est couverte d'une couche de peroxyde de fer qui ne donne pas moins de 70 à 80 0/0 de métal.

Parmi ses cristaux on trouve : le cristal de roche, la calcédoine, l'améthyste, le grenat, disséminés dans les cailloux de ses rivières, sans que l'industrie ait cherché à en tirer parti. Mais il est évident que c'est l'or qui, jusqu'ici, absorbe tous les capitaux et toutes les énergies. Il serait inutile de retracer ici l'histoire de la découverte, mais depuis que la première parcelle d'or a été trouvée à l'*Approuague*, de riches alluvions ont été mises à jour successivement dans le Sinamari, dans la Mana, dans le Maroni, et même dans les autres rivières secondaires.

On peut dire que le sol entier de la Guyane est imprégné d'or, partout où la *battée* lave les terres, on trouve les traces du précieux métal.

Ce qui empêche une exploitation plus étendue du sol aurifère, c'est que les communications sont coûteuses et difficiles, et qu'on ne peut exploiter que les terrains dont le rendement dépasse la cherté excessive de l'exploitation.

Il est probable que plus on pénètrera dans l'intérieur des terres, plus des découvertes d'une richesse supérieure viendront récompenser l'audace et les fatigues de ceux qui auront pénétré plus avant.

La Guyane cache dans sa partie inconnue ou du moins impénétrable à l'activité colonisatrice, des trésors d'une valeur fabuleuse.

On en a vu récemment un exemple lorsque M. T.

Vitalo a découvert dans la bifurcation de l'Awa et du Maroni des alluvions merveilleuses de richesse.

Malheureusement les recherches n'ont pas pu s'étendre suffisamment loin pour déterminer complètement l'étendue de cette région aurifère.

Mais quand la convoitise locale l'eût dépossédé à son profit de son invention, on a vu par les trois ou quatre mille kilos d'or jetés en quelques mois dans la circulation, quelle inépuisable source de fortune dormait depuis des siècles dans ces terrains inexplorés.

La réussite de ce prospecteur indique la voie à suivre, et doit être une tentation pour tous ceux dont la soif ardente est de réaliser rapidement de gros bénéfices.

L'avenir de la richesse aurifère se trouve donc dans les régions les plus reculées de la Guyane. Sur la côte, les alluvions lavées depuis plus de trente ans semblent en partie avoir épuisé leur ancienne richesse.

Les exploiteurs qui jusqu'à ce jour n'avaient entamé que la surface du sol, cherchent aujourd'hui à pénétrer dans ses profondeurs.

C'est à la roche elle-même et non plus à ses efflorescences que s'attaque le pic du mineur, des galeries souterraines éventrent déjà le sol, et le quartz qu'on en extrait est entraîné sous les bocarts. Le marteau des pilons retentit dans le silence des solitudes Guyanaise et l'or en sort maintenant d'une manière directe.

Il est à regretter qu'une industrie qui constitue la principale ressource du pays n'ait aucune des facilités qui pourraient élever le rendement de ses produits. L'alimentation du personnel des placers est d'une difficulté excessive, elle coûte des transports d'un prix inabordable.

Les établissements aurifères sont donc soumis à des privations périodiques et le produit soumis à des charges considérables.

Si l'on veut favoriser une pareille industrie il faudra s'attacher à rendre plus accessibles les régions hautes de la Guyane. Les fleuves qui sont les seules voies de pénétration que l'on puisse utiliser pour se rendre dans l'intérieur devront autant que possible être rendus navigables. Il faudrait canaliser les chutes sur un espace suffisant pour permettre le batelage, ou installer pour franchir les sauts, un système de remorquage pour lequel on pourrait utiliser la force même du courant ou l'impétuosité de la chute.

À cette pratique il y a non seulement un intérêt pour ceux qui vont chercher l'or dans les affluents reculés des rivières, mais également pour le budget de la colonie qui perçoit 8 0 0 sur les produits aurifères.

Tous les travaux que l'on entreprendrait dans ce but constitueraient donc des dépenses productives venant augmenter les ressources financières du pays.

Quant à l'exploration des cristaux, elle pourrait donner de remarquables résultats. Nous avons vu une améthyste aussi grosse que le poing et d'une vivacité remarquable, ramassée dans un des affluents de l'Approuague; il est vrai que le travailleur qui l'avait trouvée l'a cassée à coups de marteau pour s'emparer d'une parcelle d'or qu'il croyait voir dans l'intérieur.

Des recherches suivies mettraient à jour les grenats et les autres efflorescences roulées pendant les jours de pluie sur le sol détrempé.

L'exploitation du fer viendra à son tour. Dès l'origine de la colonisation, elle avait attiré l'attention des colons. Le projet d'un établissement métallurgique avait été conçu. Mais l'absence de charbon à la Guyane ne permit pas d'en atteindre la réalisation.

Aujourd'hui que la vapeur a rapproché les distances, que le prix du fret a considérablement baissé, l'obstacle qui a fait que les premiers colons ne se sont pas livrés à cette industrie, ne subsiste plus, et la Guyane offre comme une réserve assurée, son immense étendue à l'extraction du fer.

Elle sera d'autant plus productive que le minerai existe presque partout dans le voisinage de tous les cours d'eau, sur le seuil même de la mer.

Mais ce qui la fera surtout lucrative, c'est la présence encore ignorée par les habitants actuels d'une forte proportion d'aluminium dans ses gisements métallifères.

Le traitement de ces peroxydes ne peut être qu'avantageux et il tentera tôt ou tard l'industrie.

Nous ne voulons pas nous étendre plus longtemps sur les diverses richesses métallurgiques de la Guyane Française, nous nous contenterons de cette donnée sommaire, insuffisante, il est vrai, pour renseigner ceux qui seraient assez entreprenants pour engager leurs capitaux dans la recherche et l'exploitation des produits minéraux, mais cependant assez étendue pour fournir à l'administration coloniale une idée des produits naturels qui se trouvent dans cette colonie.

LA TRANSPORTATION

I

Le point de départ de la législation actuelle relative à la transportation se trouve dans le décret de loi du 8 décembre 1851, lequel donnait au gouvernement la faculté de transporter, pour 5 ans au moins et pour 10 ans au plus, soit à Cayenne, soit en Algérie les individus placés sous la surveillance de la haute police, reconnus coupables de rupture de ban ou d'avoir fait partie d'une société secrète. L'obligation au travail sur un établissement pénitentiaire, la privation des droits civils et politiques et l'assujettissement aux lois et la juridiction militaires étaient les conséquences de la peine de la transportation.

Plus tard, le 27 mars 1852, un décret offrit la transportation comme une faveur aux forçats en cours de peine. Le 31 mai de la même année, un autre décret, rendu à la suite d'actes dits insurrectionnels commis à Lambessa, ordonnait le transfèrement en Guyane des transportés de 1848 et de 1852 condamnés à une peine afflictive ou infamante, ou qui se *refusaient au travail et à l'obéissance.*

Le 20 août 1853, un décret autorisait les colonies à transférer en Guyane les individus d'origine asiatique ou africaine condamnés aux travaux forcés ou à la réclusion.

Enfin la loi du 30 mai 1854 vint compléter la réforme pénitentiaire et préciser sur les vues du gouvernement.

Désormais, la peine des travaux forcés sera subie dans des établissements créés par décrets, sur le territoire d'une ou de plusieurs possessions françaises autres que l'Algérie.

Les condamnés seront employés *aux travaux les plus pénibles de la colonisation et à tous autres travaux d'utilité publique.*

Tout individu condamné à moins de huit années de travaux forcés sera tenu, à l'expiration de sa peine, de résider dans la colonie pendant un temps égal à la durée de sa condamnation.

Si la peine est de huit années, il sera tenu d'y résider pendant toute sa vie.

Les condamnés des deux sexes qui se seraient rendus dignes d'indulgence par leur bonne conduite, leur travail et leur repentir, pourront obtenir :

1° L'autorisation de travailler aux conditions déterminées par l'administration, soit pour les habitants de la colonie, soit pour les administrations locales.

2° Une concession de terrain et la faculté de la cultiver pour leur propre compte.

Cette concession ne pourra devenir définitive qu'après la libération du condamné.

Telles sont quelques-unes des dispositions fondamentales qui régissent le système pénal et desquelles devrait s'inspirer l'administration pénitentiaire de la Guyane, dans l'accomplissement de l'œuvre poursuivie : *la moralisation du condamné* et son utilisation au profit de la colonisation française.

II

Les Pénitenciers de la Guyane.

Le premier convoi de forçats partit de Brest le 31 mars 1852 ; il fut bientôt suivi de plusieurs autres. A la fin de l'année le nombre des hommes dirigés sur la Guyane s'élevait à 2,250. On les installa dans des baraquements construits à l'avance aux *Iles du Salut*, désignées par leur situation comme dépôt général de la transportation. L'*Ilet la Mère* fut peu de temps après également affecté à l'élément pénal : on y plaça les invalides, les infirmes et les valétudinaires.

Aussitôt que ces installations furent achevées, on aborda le continent, à la *Montagne d'Argent*, non loin de l'embouchure de l'*Oyapock*. La transportation s'isolait donc entièrement de la colonie libre et du chef-lieu *Cayenne*. Trois cents transportés de race blanche et cent condamnés noirs furent installés dans le nouveau centre avec mission de défricher le sol et d'établir des plantations de vivres et de caféiers. L'atelier ne tarda pas à être décimé par les fièvres paludéennes. Néanmoins on tint bon jusqu'en 1864, époque à laquelle, au moment où l'atelier était en production et devenu sain, le département donna l'ordre d'évacuer. On ne laissa sur ce pénitencier que 60 condamnés pour l'entretien des cultures. Plus tard, tout fut abandonné. Ce n'est que depuis douze ans que l'administration a repris possession de cet atelier où se trouvent une cinquantaine de forçats qui récoltent du café pour la consommation de l'administration pénitentiaire.

Vers le milieu de 1853 un second établissement fut créé dans la même région, sur la rive gauche de l'Oyapock, à 191 kilomètres de Cayenne. On lui donna le nom de *Saint-Georges*. Comme à la Montagne-d'Argent, les fièvres occasionnées par les miasmes qui se dégagent de la terre remuée, frappèrent les hommes. Au mal, conséquence forcée de tous travaux de défrichement en terre vierge, vint s'ajouter le terrible fléau de la fièvre jaune.

La mortalité atteignit un chiffre considérable qui fit reculer l'administration. En 1863 on évacua le pénitencier, devenu depuis le chef-lieu de la commune d'*Oyapock*. Aujourd'hui, on ne trouve plus trace des cultures et des bâtiments d'exploitation de cet ancien pénitencier.

Ces deux échecs n'ouvrirent point les yeux de l'autorité qui au commencement de 1865 créait deux établissements à la *Comté*, à plus de 50 kilomètres de la côte. Naturellement ils eurent le même sort que Saint-Georges et la Montagne-d'Argent.

Après avoir fait d'autres essais à *Kourou* et dans les savanes d'*Oryanabo*, l'administration porta ses efforts au *Maroni*. Malgré les nombreuses pertes d'hommes qui suivirent la période de première installation, on se persuada que ce district offrait plus de garanties de salubrité que les autres quartiers de la colonie et on s'y maintint.

Le *Maroni* est aujourd'hui le centre pénal le plus important. La relégation y a aussi son territoire.

Le principal établissement pénitentiaire, Saint-Laurent, est situé à 30 kilomètres environ de la mer. Dès l'origine il fut affecté à un essai de colonisation agricole au moyen de condamnés en cours de peine, d'abord employés pour les installations générales.

Aujourd'hui *Saint-Laurent* a comme annexe *Saint-Maurice* où quelques centaines de concessionnaires se livrent avec plus ou moins de succès et de profit à la culture de la canne. Une usine appartenant à l'administration manipule les produits. Depuis deux ans elle n'a pas fonctionné (ou à peu près pas) au grand préjudice des planteurs qui ont perdu toute une récolte sur pied.

Huit cents transportés sont attachés au pénitencier de Saint-Laurent ; ils sont affectés à l'entretien des rues et fossés, à l'exploitation d'un chantier forestier à la crique *Vache* et à la surveillance de quelques têtes de bétail aux *Hattes*.

Depuis 1883, l'établissement des *Roches*, à Kourou, a été réinstallé. On s'y livre à la culture des denrées coloniales et à l'élevage du bétail. C'est certainement un des centres de la Guyane réunissant les meilleures conditions de salubrité.

Dans le cours de l'année 1883, le conseil général accorda à l'administration pénitentiaire la concession provisoire de 100,000 hectares de savane entre Kourou et Karouabo, sous la promesse qu'avec l'adhésion du département, cette partie de la colonie serait reliée au chef-lieu par un chemin de fer à voie étroite. J'estime que la réalisation de cette promesse donnerait une vive impulsion au développement des cultures, en même temps qu'elle faciliterait le peuplement de la région.

La ville de Cayenne emploie une centaine de condamnés, à raison de 0 fr. 50 par homme et par journée de travail, pour l'entretien et le nettoyage de ses rues. Ces hommes sont détachés d'un pénitencier établi dans la banlieue Est où se trouve une agglomération de

1,200 forçats qui alimentent les ateliers des divers services et du chantier forestier de l'*Orapu*.

III

Les résultats obtenus.

Il ressort de l'exposé ci-dessus que jusqu'à ce jour tous les efforts de l'administration pénitentiaire ont été dirigés vers la production du sol pour le compte et au profit de l'Etat.

C'est ainsi qu'a été entendue et traduite la pensée du législateur de 1854 : « Les condamnés seront employés aux travaux les plus pénibles de la colonisation et à tous autres travaux d'utilité publique. »

Pour quelles causes et dans quel but a-t-on imprimé telle direction à la colonisation pénale ? Les notices officielles se chargent de répondre à cette question.

Nous y lisons en effet, en tête de COLONISATION, la phrase suivante :

« Etant donnée une terre à peu près inoccupée,
« c'est-à-dire une terre où l'on ne trouve ni *société*, ni
« *capitaux*, ni *établissement*, ni *industrie*, il faudrait
« que la transportation produise tout cela et qu'on
« puisse faire sortir d'elle une société complète de tous
« points, sans quoi, les individus transportés que
« l'achèvement de leur peine rend à la liberté, n'au-
« raient d'autre parti à prendre, pour ne pas mourir de
« faim, que de rester en prison. »

Ainsi donc, comme entrée en matière, l'administra-tion pénitentiaire fait semblant d'ignorer l'existence de la colonie libre et d'un centre commercial de près de 10,000 âmes : Cayenne. Elle pose en principe que la colonisation de la Guyane doit être exclusivement pénitentiaire; que de la transportation seule doit sortir une société complète, théorie singulièrement hardie, dont les Anglais qui l'ont appliquée en Australie ont été à même d'apprécier toute la fausseté.

Pour constituer une société complète, tant au point de vue moral qu'au point de vue matériel, deux choses sont indispensables : la propriété et la famille. Or si l'administration pénitentiaire, par suite de la grande quantité de terres disponibles se trouvait en mesure de distribuer à ses forçats un nombre indéfini de concessions, était-elle à même de disposer à sa guise, à n'importe quel moment, de l'un des deux éléments dont se compose la famille : la femme ? Non ! Ni au début, ni dans les années qui suivirent, l'élément féminin ne fut en quantité suffisante pour constituer une société équilibrée, susceptible de se trouver dans une situation saine.

Dès lors, la théorie de la société complète, si bien ébauchée par nos administrations, s'écroulait de fond en comble ; elle s'écroulait au point de vue moral, car que peut être une agglomération d'individus au sein de laquelle les sexes ne s'équilibrent pas, où se trouvent à peine *deux femmes pour 100 hommes*. Quelles mœurs peut-on rencontrer dans un tel milieu ? Et, au point de vue économique, quels sont les effets d'une semblable disproportion ? Tout d'abord, il est évident que la colonie, loin de croître, diminue sans cesse, le nombre des décès surpassant de beaucoup celui des naissances ; on peut même prévoir que si de nouveaux convois de condamnés ne viennent combler les vides qui se produisent, les centres pénitentiaires se dépeupleront totalement.

D'autre part, le ressort indispensable de la production étant la famille, si celle-ci n'existe pas, il ne saurait y avoir d'accumulation de capitaux, il ne saurait y avoir d'épargne. Pourquoi le forçat, fût-il propriétaire d'une concession de terre, épargnerait-il ? A-t-il à assurer, avant sa mort, l'avenir d'une famille ? Non, et pour cause. Il ne travaille donc que pour vivre et ne produit que ce qui lui est strictement nécessaire pour se nourrir, se vêtir... et... surtout pour boire.

Le tableau n'est pas assombri ; trente années d'expérience sont là pour en témoigner.

Depuis l'arrivée de la corvette l'*Allier*, en 1852, il a été introduit en Guyane 26,000 transportés dont 500 femmes. Il en est mort 12,900. Il en a disparu ou il s'en est évadé 3,600.

Au commencement de l'année 1888, l'effectif total atteignait 3,500, plus 55 femmes ; les libérés étaient au nombre de 1,200 environ, y compris une soixantaine de femmes.

Ces chiffres confirment absolument ce qui a été dit de la disproportion des sexes. Quant au résultat obtenu, une simple visite au Maroni suffirait pour juger sur le vif l'œuvre pénale au moral comme au physique.

On y verrait en effet que la société complète rêvée par l'administration se borne à quelques unions qui n'ont point toujours été contractées dans le but de créer la famille. C'est souvent pour le forçat marié le moyen de se procurer un budget d'une ressource spéciale. On y verrait aussi que les concessionnaires et les libérés travaillent pour vivre, mais ne vivent pas pour travailler, quand ils ne préfèrent après l'achèvement de leur peine demeurer au pénitencier pour le reste de leurs jours, car on y mange, on y boit et on y dort sans être astreint au labeur que tout homme doit accomplir pour vivre.

Si les concessionnaires et les libérés ne sont point parvenus à constituer une société complète, se développant et prospérant comme toute société normalement établie, l'État, lui, a-t-il réussi à utiliser les condamnés en cours de peine au profit de la colonisation ?

Nous avons dit au début que, jusqu'à ce jour, les efforts de la transportation ont été dirigés vers la production du sol pour le compte de l'État.

Ayant eu à sa disposition, en 30 ans, 2,600 hommes et plus de 100 millions, elle a dû et elle doit produire des merveilles. Partout où elle s'est installée, ce ne doit être que champs admirablement cultivés, sillonnés de canaux, de routes, de voies ferrées ; d'immenses troupeaux, des productions de cannes, de cafés, de riz etc., ont dû sortir des magnifiques terrains dont la fertilité et la qualité ont été décuplées par un défrichement bien conçu et par un système de drainage rationnellement pratiqué ? Hélas ! non.

Le budget sur ressources spéciales s'est toujours occupé d'élevage de bétail et l'administration pénitentiaire, pour subvenir à ses besoins, a toujours dû avoir recours à un négociant qui tire son bétail du Vénézuela, pour la totalité de la viande nécessaire à ses rationnés.

Le budget sur ressources spéciales cultive des légumes et l'administration pénitentiaire fait venir de la métropole ceux consommés par son personnel.

Le budget sur ressources spéciales cultive le café, et le café, distribué en rations, vient de France.

Le budget sur ressources spéciales se livre à la culture du cacaoyer et l'administration pénitentiaire a un marché pour la fourniture du chocolat du pays à ses hôpitaux.

Le budget sur ressources spéciales élève du bétail et les hôpitaux pénitentiaires achètent leur lait à des particuliers.

Le budget sur ressources spéciales élève des volailles et l'administration pénitentiaire achète sur place des œufs et des poules pour la consommation de ses malades.

Le budget sur ressources spéciales a une usine à à sucre qu'il entretient à grands frais et l'administration pénitentiaire achète sur place du sucre blanc étranger. Il en est ainsi du reste.

Nous avons dit que l'effectif de la transportation était en chiffres ronds de 3,500 hommes, soit pour une année, en journées : 1.277.500 journées.

Voici l'emploi de cette main-d'œuvre.

Soins de propreté du samedi	60.000 journées
Service intérieur des établissements, nettoyage, entretien, cuisine, boucherie, infirmerie	300.000 »
De non-travail pour cause de pluie	25.000 »
Repos, fêtes et dimanches	140.000 »
Hôpitaux et exemptions de travail	170.000 »
Cachot	14.000 »
Passées en route pour rejoindre les différents postes	10.000 »
Concessionnaires	180.000 »
Invalides	25.000 »
Évadés	15.000 »
Domesticité	10.000 »
Préventionnaires	50.000 »
Total	999.000 journées

employées pour ainsi dire à ne rien faire sur 1.277.500 journées; et si nous ajoutons à ce chiffre 1,000 journées de cochers, nous trouvons que seulement 277.500 journées pourraient être affectées à des travaux d'utilité publique, tels que routes, canaux, ports, qui seraient d'une grande valeur pour le pays.

Sur cette quantité, 20,000 seulement sont consacrées auxdits travaux, ce qui représente moins de 80 transportés par jour. Les autres sont employées aux constructions et réparations des bâtiments de la transportation, aux constructions et réparations d'embarcations et de chalands, pour la transportation aux travaux de culture, à l'élevage du bétail, à l'exploitation des bois pour plus de 150,000 journées; aux réparations des meubles et objets divers; à la réparation des vêtements et de la chaussure, et ces 27,700 journées que nous voulons bien considérer comme étant employées utilement donnent au trésor, au budget sur ressources spéciales, moins de 100,000 fr. par an.

Ces 100,000 fr. versés au trésor, ont coûté à l'Etat, seulement en frais de surveillance, le chiffre énorme de plus de 300,000 fr.; en frais d'administration, plus de 400,000 fr.; en vivres, hôpital, habillement, 1,000,000, etc.

Et l'on parle de concentrer la population pénale au Maroni, dans le but d'y faire de la *colonisation pénale exclusive*. Ce serait perpétuer un état de choses déplorable, tant au point de vue budgétaire, que désastreux pour la colonie.

IV

Réformes

Ce qu'il faut au contraire, dans l'intérêt des finances de l'Etat, dans l'intérêt de la Guyane française, colonie qui existe, quoiqu'on pense l'administration pénitentiaire, c'est abandonner le système faux suivi jusqu'à l'heure actuelle pour revenir à la saine application de la loi de 1854, qui, suivie par une administration intelligente et soucieuse des deniers de l'Etat, produira des merveilles, étant donnée la richesse incalculable du pays où elle serait appliquée.

Afin d'arriver à un premier résultat, il faudrait que l'administration pénitentiaire ne soit plus une administration indépendante, mais une annexe de la Direction de l'Intérieur dont elle deviendrait un grand service.

Il résulterait de ce chef une économie considérable pour le budget colonial, un relèvement du budget sur ressources spéciales, en même temps qu'il y aurait dans l'exécution des ordres unité de vues et de direction.

Quelles seraient les objections que pourrait soulever la mise à exécution de cette mesure ? N'est-ce pas le ministère de l'Intérieur qui, en France, est chargé de l'administration des prisons et des colonies pénitentiaires ?

Les pénitentiers soi-disant agricoles seraient supprimés. Les *Iles du Salut* continueraient à servir de dépôt et de prison cellulaire.

Le territoire pénitentiaire du Maroni serait exclusivement affecté à la relégation dont le centre principal serait placé à Saint-Laurent.

Les transportés seraient classés dans trois divisions :

Ceux de la première division, dite division d'épreuve, seraient employés aux travaux les plus pénibles de la colonisation, tels que défrichements, desséchements, canaux, routes et ports, d'après un programme étudié dans la colonie, transmis au département et soumis à la haute sanction du Parlement, de telle sorte qu'on en puisse poursuivre l'exécution sans que les administrateurs qui se succèdent en Guyane aient la faculté d'en modifier l'économie à leur guise.

Les condamnés de 2º division seraient affectés, dans l'Ile de Cayenne et les communes environnantes, à la préparation des cultures à peupler par l'immigration libre, ou seraient placés en assignement chez les colons à des *conditions raisonnables*.

Enfin, ceux de la 3º division travailleraient en colonage-partiaire ou comme concessionnaires de terrains. Ils seraient noyés dans la population libre.

Le principal objectif du Gouvernement, en éloignant

les condamnés de la métropole, étant de faire tout ce qui est possible pour les moraliser, le but poursuivi sera plus facilement atteint quand le condamné sera en contact avec les gens honnêtes, que lorsqu'il restera maintenu dans un milieu exclusivement composé de convicts.

C'est encore là un argument contre la concentration au Maroni.

Les hommes de cette dernière division seraient porteurs d'une médaille de liberté provisoire, ou mieux conditionnelle, témoignage de leur repentir et de leur bonne conduite. A la moindre infraction, cette médaille leur serait retirée et ils seraient reversés dans la première division, celle des travaux pénibles, et non comme cela se fait actuellement, au pénitencier, où la vie est si douce que de nombreux libérés préfèrent y retourner plutôt que de vivre libres en travaillant un peu.

Quels seraient les résultats d'une organisation ainsi entendue ?

La Guyane française qui, depuis l'installation des condamnés sur son territoire, végète misérablement et devient à charge à la Métropole, alors que les colonies voisines, moins bien dotées par la nature, progressent sans cesse, prendrait son essor.

La ville de Cayenne dont le port est envasé construirait, comme à Surinam et à Demerara, des *warps* à l'extrémité desquels les navires accosteraient et déchargeraient rapidement leurs cargaisons, avantage qui, se répercutant sur le prix du frêt, le diminuerait sensiblement et rendrait aussi plus faciles les affrètements. A l'heure actuelle, il est presque matériellement impossible de trouver à Marseille un navire consentant à venir à Cayenne.

Le réseau des routes de l'Ile de Cayenne serait achevé et ses terres basses desséchées pour le plus grand bien de la santé publique ; une production considérable de canne, de riz, de maïs, se ferait dans cette partie de la colonie.

On procéderait à la préparation du territoire de colonisation de la pointe *Macouria* à Kourou en vue de son peuplement, que faciliterait en outre l'établissement de moyens rapides et économiques de transport.

Les agriculteurs et industriels, trouvant alors la possibilité de constituer leurs ateliers au moyen des condamnés mis en assignement (non pas à 2 fr. 10 par jour, mais à 1 fr. 50 au maximum, le travail des forçats étant à peine le tiers de celui de l'ouvrier libre), étendraient leurs cultures.

Attirés par une publicité bien comprise et par les avantages que leur feraient l'Etat et la colonie, les capitalistes métropolitains constitueraient d'importantes sociétés dans le but de se livrer à la grande culture de la Guyane.

Enfin, par la mise en assignement d'une partie notable du contingent pénal, l'Etat percevrait des sommes considérables. En admettant que le tiers seulement de l'effectif actuel des transportés soit loué aux habitants ou aux sociétés d'agriculture à raison de un franc cinquante par jour et par homme, le budget sur ressources spéciales percevrait annuellement une somme supérieure à 600,000 francs, soit 500,000 fr. de plus que le chiffre actuellement recouvré.

Telles sont, brièvement exposées, les grandes lignes des réformes à accomplir dans l'administration pénitentiaire actuelle, au profit des deniers des contribuables et pour la prospérité de la Guyane.

Nul doute que leur mise en application n'ait pour conséquence le développement de la colonie, si riche, par sa nature essentiellement productive; développement auquel sont vivement intéressés les douanes, l'industrie et le commerce de la France.

TERRITOIRE CONTESTÉ DE L'AWA

La contestation qui s'est élevée entre la France et la Hollande, au sujet du territoire du haut Maroni, est récente.

Deux branches principales alimentent ce fleuve et constituent son bassin de réception : l'Awa et le Tapanahoni. Lequel des deux est le Maroni et, par suite, le cours d'eau limite?

C'est là qu'est la question.

Prise en 1808 par les Portugais, la Guyane resta en leur possession jusqu'à la Restauration. Les conditions de sa restitution furent réglées conformément à l'article 107 de l'acte final du congrès de Vienne par le traité définitif du 28 août 1817. Aux termes de ce traité, le Portugal s'engagea à nous restituer cette colonie jusqu'au 322° de longitude Est de l'île de Fer, c'est-à-dire au 58° Ouest du méridien de Paris sur le parallèle du 2°24' Nord. Le Tapanahoni lui-même se trouve englobé tout entier dans le territoire rendu à la France. Il paraît donc difficile de reculer la ligne séparative des frontières jusqu'à l'Awa sans contrevenir au traité de 1817.

Antérieurement à cet acte diplomatique, le Tapanahoni avait toujours été accepté de part et d'autre comme la limite naturelle des deux colonies.

Lorsque les nègres marrons, définitivement rejetés du territoire hollandais après la longue lutte qu'ils avaient soutenue contre le gouvernement local, franchirent le Tapanahoni et vinrent se fixer dans la bifurcation des deux grands affluents, le gouverneur de la Guyane française, M. de Friedmond, protesta contre cette violation de la frontière et dirigea immédiatement ses forces sur les lieux pour chasser les esclaves révoltés et s'opposer à leur empiètement.

En 1763, le voyage de Malouet à Surinam eut pour but apparent de régler ce litige et les autorités hollandaises ne contestèrent alors ni la violation de territoire, ni le droit de souveraineté de la France sur les terres arrosées par le Tapanahoni.

La contestation prit naissance d'un arrangement local survenu le 9 novembre 1836 entre les gouverneurs des deux colonies limitrophes. Il s'agissait de régler leurs relations réciproques avec les tribus nègres qui s'étaient groupées dans l'intérieur, et il fut stipulé que le territoire situé sur la rive droite du Maroni, à partir de la source du fleuve, appartenait à la France.

Le vague de cette rédaction prouve que, dans l'esprit des contractants, il n'existait aucun doute sur l'affluent qui avait toujours été considéré comme le vrai Maroni. Ils n'auraient pas manqué, sans cette condition, de préciser le cours d'eau qui déterminait la frontière, c'est-à-dire le Tapanahoni.

Ce fut le point de départ des revendications du gouvernement néerlandais et pour les faire valoir il prit à prétexte la proximité des établissements pénitentiaires qui venaient d'être installés sur la rive droite du Maroni.

En 1861, pour régler le différend, une commission mixte fut chargée d'explorer la région supérieure du fleuve et de déterminer, d'après l'importance hydrologique des deux branches, le véritable cours du Maroni.

Le résultat de cette expédition ne fut pas celui que l'on devait en attendre. La France en repoussa les conclusions.

Non seulement le travail péchait par les procédés, mais à cause de l'impossibilité qu'il existe pour les Européens de rester longtemps dans cette partie de la Guyane, la critique des cartes anciennes ne peut même pas être faite.

L'expédition avait perdu trop de temps en tâtonnements.

La carte de Leblond, par exemple, méritait quelque attention : D'après elle le réseau du Tapanahoni est le plus puissant des deux, et l'un de ses embranchements conserve jusqu'à sa source le nom de Maroni. La commission obligée de se diriger à l'aide de canotiers noirs qui cherchaient manifestement à lui fermer l'acces des régions supérieures, n'a-t-elle pas été égarée dans quelque bras peu considérable.

Ceux qui ont voyagé dans ces rivières savent combien il est facile, même en plein jour, de passer quelle que soit sa largeur et le volume de ses eaux devant une de ces embouchures boisées et souvent encombrées d'îlots verdoyants.

A la suite des réserves formelles formulées par le gouvernement Français, la question fut discutée directement entre les cabinets de Paris et de La Haye. Mais le peu d'intérêt que présentait sa solution immédiate, l'impossibilité présente d'utiliser ces vastes déserts laissèrent peu à peu l'attention se détourner de ce problème diplomatique et le dénouement de la difficulté fut réservé à l'avenir.

La question fut reprise en 1888 à l'occasion des riches alluvions découvertes par un habitant de Cayenne, M. T. Vitalo, sur le territoire en litige. Entre les deux gouvernements les pourparlers furent repris, mais sans aboutir ni à une entente ni à une transaction. Remettre à un arbitre le soin de déterminer les droits réciproques de chaque colonie et de fixer la ligne de partage, parut le seul moyen d'en finir avec cette difficulté. Tel a été l'objet d'une convention signée le 29 novembre 1888.

La contestation hollandaise présente pour la France un intérêt primordial. L'adoption du cours de l'Awa comme frontière serait contraire non seulement au traité du 28 août 1817, mais également à celui d'Utrecht qui avait primitivement réglé les abornements de la Guyane au détriment de cette colonie et réservé cependant jusqu'au rio Branco sa limite occidentale. Le Maroni et ses affluents supérieurs ayant une orientation nord-sud, coupent le 2° 50 de latitude qui constituerait la frontière brésilienne selon les résultats acquis de la conférence de 1853-56.

La colonie Française se trouverait donc enclavée dans l'étroit périmètre compris entre ces deux lignes de démarcation. Et chose singulière on verrait la nation qui, la première, a planté son drapeau sur ces côtes désertes, à peu près dépouillée de ses anciennes possessions. Mais pour éviter un pareil résultat, il suffit d'examiner les actes diplomatiques que nous venons de citer et d'étudier leur concordance malgré l'espace d'un siècle qui les sépare. Celui de 1817 se conformant à celui de 1713, a eu soin de ne pas désigner le Maroni comme ligne de partage entre la Guyane Française et la Guyane Hollandaise.

La volonté bien évidente a été de lui maintenir les territoires du Rio Branco que lui avait reconnus le traité d'Utrecht. C'est là ce qui explique le choix du 322° de longitude Est de l'île de Fer comme démarcation politique entre les deux colonies.

On n'a pas voulu étouffer notre possession au profit de ses voisins en l'emprisonnant dans la limite du Maroni dont la désignation eut été cependant plus claire et plus facile.

Il ne faut pas désespérer de l'arbitrage, mais les conclusions peuvent porter un coup mortel à notre colonie Guyanaise.

Août 1889.

PARIS. — IMP. CHARLES NOBLET, 13, RUE SAINT-HONORÉ

Contraste insuffisant

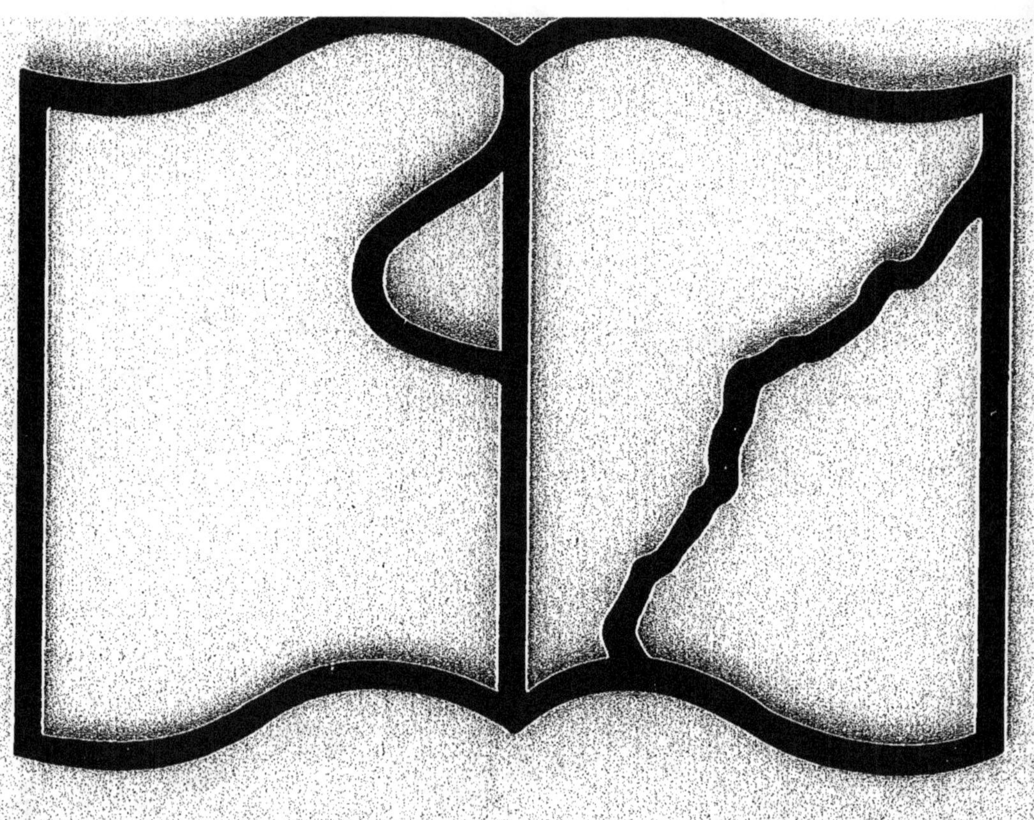

Texte détérioré — reliure défectueuse

NF Z 43-120-11